3ª edição
Do 9º ao 9.200º milheiro
200 exemplares
Setembro/2018

© 2010 - 2018 by Boa Nova Editora

Capa
Direção de arte
Francisco do Espírito Santo Neto

Capa e Diagramação
Tutano Design Editorial

Coordenação Editorial
Ronaldo A. Sperdutti

Revisão
Cláudia Rocha

Todos os direitos estão reservados.
Nenhuma parte desta obra pode ser reproduzida
ou transmitida por qualquer forma e/ou quaisquer
meios (eletrônico ou mecânico, incluindo fotocópia
e gravação) ou arquivada em qualquer sistema ou
banco de dados sem permissão escrita da Editora.

O produto da venda desta obra é destinado à
manutenção das atividades assistenciais da
Sociedade Espírita Boa Nova, de Catanduva, SP.

1ª edição: Dezembro de 2010 - 3.000 exemplares

O VALOR DA VIDA

SUPERANDO O MEDO DE VIVER

HUMBERTO PAZIAN

Instituto Beneficente Boa Nova
Entidade coligada à Sociedade Espírita Boa Nova
Av. Porto Ferreira, 1.031 | Parque Iracema
Catanduva/SP | CEP 15809-020
www.boanova.net | boanova@boanova.net
Fone: (17) 3531-4444

SUMÁRIO

PREFÁCIO 7

POR QUÊ A VIDA 13

DEUS 19

REENCARNAÇÃO 23

CARMA 29

QUANDO CHEGA A PROVAÇÃO 35

APÓS O SUICÍDIO 41

O LENTO SUICÍDIO 45

O CORPO ESPIRITUAL - CONSEQUÊNCIAS 51

FALANDO AOS SUICIDAS 59

A VALORIZAÇÃO DA VIDA 65

VIVENDO COM JESUS 69

MARIA DE NAZARÉ 73

REFERÊNCIA DOUTRINÁRIA 77

PREFÁCIO

"E, vendo a multidão, teve grande compaixão deles, porque andavam desgarrados e errantes como ovelhas que não têm pastor. Então, disse aos seus discípulos: A seara é realmente grande, mas poucos são os ceifeiros. Rogai, pois, ao Senhor, que mande ceifeiros para a sua seara".
(Mateus, 9:35 a 39.)

Muita coisa vem à nossa mente no momento de decidirmos sobre a escolha e posterior leitura de um livro. Quando lemos algo, harmonizamo-nos com vários aspectos do texto: autor, pessoas envolvidas, lugares, vibrações, situações vividas pelos personagens; enfim, diversas sensações que elevam as emoções ou nos deprimem, sempre de acordo com nossa interpretação da leitura.

Temas que abordam a vida e a obra de Jesus e de grandes personalidades espirituais nos elevam, sem dúvida, a regiões sublimes do pensamento, e nos envolvem em uma grande aura de paz e harmonia.

Romances espíritas, quer sejam psicografados mecanicamente, quer pela intuição afinada de médiuns escritores, retratam dramas nos quais espelhamos nossas vidas e, com os relatos em que os dois planos de existência – o físico e o espiritual – se entrelaçam em um só, aprendemos a entender e a aceitar as dificuldades e os problemas que a vida nos apresenta.

Embora gostemos muito dos temas dos livros citados, existem também outros assuntos que não devem ser considerados menos importantes e cuja leitura não deve ser desconsiderada, merecendo nossa atenção pela proximidade e perigo que nos apresentam.

O suicídio, sem dúvida, é um deles. Ainda que muitos se coloquem em uma posição passiva e neutra em relação a ele, acreditando ser de pequena monta sua execução, os índices mundiais têm refletido um aumento considerável e assustador desse ato.

Talvez não imaginemos ou não acreditemos que nós, ou alguém a nossa volta, possamos praticá-lo ou sequer pensemos em tomar essa inútil atitude, mas o fato é que, por motivos diversos, ele acontece. E o suicídio, num mundo onde grande parte das pessoas apoiam suas metas e objetivos na morada ilusória dos sentidos e do materialismo, tem se tornado uma porta de fuga, de escape, que, em vez de transpor barreiras solucionando os problemas que as afligem, conduz aos portais da dor e do arrependimento, mostrando a indestrutibilidade da vida, a vida verdadeira, original e eterna: a vida espiritual.

O conhecimento espírita nos ensina que esses irmãos, após cometerem o suicídio, permanecem por longos períodos num inferno mental em que por si só se arrojaram. Mas, por misericórdia do Altíssimo, coloca-se o irmão enfermo novamente na fila reencarnatória, podendo trilhar os mesmos caminhos que o fizeram cair e, com esforço e amparo redobrado, assimilar as consequências a que seu insensato ato o conduziu.

Aos espíritas, cabe aqui lembrar que o assunto, embora não nos traga o aroma das flores primaveris, representa a madeira inflamável do inverno, que aquece nossos corpos na gélida impetuosidade das estações da vida.

Nos momentos de aflição e desespero, é importante sabermos que um pequeno gesto fraterno ou uma palavra amiga de ânimo e encorajamento têm inestimável valor. Tem o espírita o privilégio de partilhar seu aprendizado com todo aquele que estiver necessitado e disposto a ouvi-lo.

Possam esses apontamentos auxiliar nessa tarefa e que nosso grande guia, Jesus, intua-nos sempre quando um irmão suicida se apresentar em nosso caminho. Que Ele afaste qualquer pensamento que nos incite a esse infeliz ato: o de atentar contra a própria vida.

POR QUE A VIDA?
Capítulo 1

"Ninguém deita remendo de pano novo em veste velha, porque semelhante remendo rompe a veste, e faz-se maior a rotura. Nem se deita vinho novo em odres velhos; aliás, rompem-se os odres, e entorna-se o vinho, e os odres estragam-se; mas deita-se vinho novo em odres novos, e assim ambos se conservam". (Mateus, 9:16 e 17).

O que faz uma pessoa trocar o conhecido (a vida), mesmo nas piores conjecturas, por algo desconhecido (a morte), que pode ser muito mais terrível do que a perspectiva de viver?

Se fosse um só o motivo causador, já há muito tempo teria sido isolado e combatido. Se fosse apenas algum desequilíbrio orgânico ou mental, os médicos e terapeutas já estariam bem avançados em sua solução. Se apenas o desconhecimento da vida pós-morte fosse a causa, não haveria suicídio coletivo de grupos espiritualistas acontecendo de tempos em tempos, em algumas regiões do planeta.

Pelo estudo do Espiritismo e pelo conhecimento que ele nos traz, através da revelação de todo o drama que envolve esse ato, ditada pelos próprios irmãos suicidas e encontrada em inúmeras obras espíritas, concluímos que não se trata de nenhum motivo isolado, mas sim de um acúmulo de fatores físicos, sociais e espirituais da vida atual, bem como das vidas anteriores, pois a toda ação cabe uma reação correspondente, ou seja, plantamos, adubamos e um dia colhemos.

Cabe ressaltar que não devemos, entretanto, ter com isso uma visão fatalista de que nada pode mudar nosso destino e que, se semeamos erradamente outrora, estaremos desgraçadamente à mercê das intempéries do destino.

A vida, tal qual se apresenta, pode e deve ser vivida no seu mais alto grau de satisfação e alegria. "O reino de Deus", que o Mestre Jesus explanou, não se trata de algum lugar no espaço ou um paraíso onde vivem aqueles que fazem a vontade do Senhor, mas sim do mundo interior, onde nosso espírito pode viver em inabalável paz e alegria. E esse estado de harmonia d'alma, que se obtém vivendo na unidade do pensamento a vontade de

Deus, o que não é tão difícil como possa parecer, necessita apenas de determinação, desapego das coisas mundanas e humildade para seguir os ditames da consciência ou da "voz interior".

Quando procuramos viver em conformidade com a vontade divina e dessa forma pensamos no bem, agimos no bem e vivemos no bem, estamos consumindo todo o carma, pois com Moisés aprendemos "olho por olho, dente por dente"; com Jesus, "amai os vossos inimigos, fazei o bem àqueles que o perseguem e caluniam"; e com o Espiritismo, a máxima: "fora da caridade não há salvação".

O objetivo dos problemas e sofrimentos que a vida nos apresenta não é castigar-nos, mas sim corrigir-nos através de necessárias e preciosas lições.

A vida na matéria pode ser comparada como um educandário. Um bom aluno, que durante o ano escolar mostra-se disciplinado e estudioso, procurando observar e valorizar cada dia de aula e acumulando a pontuação necessária, pode ser dispensado dos exames periódicos e, caso eles ocorram, o estudante não se aflige, porque conhece toda a matéria e sabe exatamente como se comportar em cada teste enunciado. Assim também é na escola da vida: aquele que procura viver em conformidade com a orientação de sua consciência, que é seu "elo" com Deus, e aprende dessa forma o reto viver, pensar e agir, fica dispensado das "provas" pelas quais teria que passar, por tornarem-se desnecessárias em seu aprendizado e, caso elas ocorram, não seriam motivo de aflição, pois há muito já estariam superadas em seu entendimento.

Dessa forma, podemos entender e aguardar em nossas vidas uma fonte inesgotável de paz e alegria, contanto que nos liguemos com fé e determinação, desde já, na vontade divina, cumprindo com amor, compreensão e entendimento os sábios desígnios do Senhor.

DEUS
Capítulo 2

"Disse-lhes Jesus: Estou há tanto tempo convosco, e não me tendes conhecido, Filipe? Quem vê a mim vê ao Pai. E como dizes tu: Mostra-nos o Pai?" (João, 14:9.)

Ciência e religião: em quase todos os momentos em que essas duas correntes de pensamento da humanidade vêm à nossa mente, apresentam-se como forças opostas, sendo o materialismo representado pela ciência e o espiritualismo pela religião.

Parece óbvio, mas não o é; ou melhor, nem sempre foi assim. Houve época em que os sacerdotes eram também os cientistas e pesquisadores, aliando, ou pelo menos tentando aliar, as duas correntes em uma coisa única.

Buscavam nos fenômenos da natureza conhecer a vontade divina e, consequentemente, suas leis, tentando aplicá-las na vida, de uma forma geral.

Em outras ocasiões, eram os cientistas pessoas do povo ou estudiosos das leis divinas (mas não ligados ao sacerdócio legalizado da época), que se voltavam a uma religiosidade materialista dominadora. Devido ao poder e à pressão que esses grupos exerciam, muitos pensadores e cientistas da época renunciavam às suas pesquisas e as abandonavam, enquanto outros as moldavam de acordo com as exigências.

Mesmo nos dias atuais, podemos observar diversas correntes com interesses materialistas tanto na área científica como em movimentos religiosos; percebemos também grupos altamente espiritualizados tanto em algumas religiões como em certas linhas científicas.

Isso posto, notamos que, independente do credo ou da área acadêmica que o indivíduo possa cursar, dos títulos e cargos que possua, a percepção de Deus (se é esse o termo mais correto) é individual e intuitiva. Essa intuição, que trazemos no espírito desde os primórdios de nossa criação, só pode ser nublada pelo sentimento de orgulho, vaidade ou uma completa ausência de sensibilidade.

Basta olharmos à volta, para baixo, para cima e, alongando a mente, visualizarmos o Universo com suas miríades de estrelas e constelações, tudo em plena e bela harmonia; voltarmos desse passeio cósmico e adentrarmos em nosso corpo, observando a mesma sincronia do Universo em nosso interior; e, caminhando mais a fundo, percebermos nossas emoções, os sentimentos e aí desvendarmos nosso eu verdadeiro, a alma.

Quem poderia criar tamanho espetáculo? Como tudo isso poderia ter surgido? Como podem alguns homens questionar a existência de Deus?

Difícil pode ser defini-lo, um pouco menos talvez compreendê-lo, mas muito fácil é senti-lo, amá-lo e agradecer-lhe pela compreensão e bondade.

A confiança no Criador é uma tarefa a ser demonstrada e ensinada por cada grupo religioso. Jesus nos ensinou a amá-lo e a depositar toda nossa confiança em suas mãos, acreditando que tudo o que nos acontece é para nosso bem e, por mais difícil que o momento vivido possa parecer, Ele está conosco, observando-nos e auxiliando-nos.

Essa certeza nos tornará pessoas fortes, de uma fé inquebrantável, fazendo com que muitos problemas que nos afligem deixem de existir e que outros tantos passem por nós sem serem motivos de tristeza, pânico ou desespero.

Sejamos íntimos com Deus, abrindo nossos corações e ouvindo-o, no silente prazer da oração.

REENCARNAÇÃO
Capítulo 3

"Vós, porém, não estais na carne; mas no Espírito, se é que o Espírito de Deus habita em vós. Mas, se alguém não tem o espírito de Cristo, esse tal não é dele. E, se o Cristo está em vós, o corpo, na verdade, está morto por causa do pecado, mas o espírito vive por causa da Justiça". (Romanos, 8:9 e 10.)

Acreditando em Deus e aceitando-o como Criador nosso e de tudo o que existe, devemos imaginá-lo como a maior fonte concebível de bondade, justiça, amor, poder e sabedoria, entre tantas outras qualidades.

Difícil seria entendermos tantas desigualdades permitidas pela justiça divina em toda a história da humanidade se não fosse através da lei da reencarnação, trazendo-nos lições a serem executadas no decorrer de sucessivas vidas, nas quais o algoz e carrasco de uma reencarna-se na condição de vítima em outra, para que se corrija perante seus irmãos e aproxime-se do caminho reto que leva à perfeição.

A Lei da Reencarnação já era conhecida pelos místicos e sábios do passado, que, em um número muito pequeno, guardavam para si suas observações. Profundas para a época, elas careciam da "luz" que os espíritos trouxeram sobre o assunto, através do advento do Espiritismo, há dois séculos.

A informação que a doutrina dos Espíritos trouxe diz que fomos criados por Deus, simples e ignorantes, em uma época muito remota em algum lugar do Universo.

Quando fomos criados e onde iniciamos nossa existência planetária não saberemos com exatidão ainda, devido ao nosso nível evolutivo, mas apenas como um roteiro para reflexão, citamos o livro "A Caminho da Luz"[1], narrado pelo excelso espírito de Emmanuel e psicografado pelo irmão de não menos valor Francisco Cândido Xavier. Recomendamos essa leitura a todo aquele que se interessar pela história do nosso orbe e, consequentemente, pelo

---

[1]"A Caminho da Luz" (Francisco C. Xavier, pelo espírito Emmanuel)

entendimento da Lei da Reencarnação e da vida, valorizando-a:

"A ciência do mundo não lhe viu as mãos augustas e sábias na intimidade das energias que vitalizam o organismo do Globo. Substituíram-lhe providência com a palavra "natureza", em todos os seus estudos e análises da existência, mas o seu amor foi o Verbo da criação do princípio, como é e será a coroa gloriosa dos seres terrestres na imortalidade sem fim".

Podemos crer que uma grande parte da humanidade começou sua existência aqui na Terra, com a supervisão do Cristo Jesus, e, como todos nós fomos criados da mesma forma, não existiram e nunca existirão privilégios para ninguém.

Por estar o espírito continuamente sendo criado, é que podemos observar diferenças enormes entre nós, os homens, e os seres angelicais de que temos notícias. Da mesma forma, devemos estar muito adiantados espiritualmente em relação a seres criados em um período recente no calendário cósmico.

Essa compreensão da igualdade na criação e consequente evolução através de sucessivas vidas em nada menospreza os Espíritos Superiores, muito ao contrário, enobrece-os aos nossos olhos, mostrando que todos têm seu valor e servem-nos de exemplo, revelando a necessidade de reencarnação para a evolução do espírito e evidenciando que a superação de nossas imperfeições através das inúmeras existências fará de nós, um dia, seus companheiros, com quem desfrutaremos o gozo resultante da união com o Divino.

CARMA

Capítulo 4

"Porque, noutro tempo, éreis trevas, mas agora sois luz no Senhor; andai como filhos da luz". (Efésios, 5:8.)

Não conseguimos pensar em reencarnação sem nos lembrar do carma, e, sobre esse assunto, existem alguns pontos a serem elucidados à luz da Doutrina Espírita.

Confunde-se muito o carma como uma coisa negativa, ruim, que está sempre ao nosso enlaço, preparando-nos algo indigesto e temeroso, e essa interpretação tem atribuído à lei do Carma um significado temido, obscuro demais.

Tudo, exatamente tudo o que pensamos, falamos ou fazemos emite vibrações e afeta nosso meio ambiente e, consequentemente, coisas, objetos e pessoas a nossa volta.

Às vezes, essas vibrações são boas e auxiliam de alguma forma alguém ou alguma coisa; em outras oportunidades, elas podem ser desprovidas de qualquer qualidade e não afetam de forma significativa nada e ninguém; já em outras ocasiões, podem ser pensamentos e atos ruins que geram, por sua vez, vibrações negativas e consequentes perturbações no ambiente e nas pessoas.

A lei divina do Carma diz que toda ação resultará em uma reação equivalente, mas é essa equivalência que não sabemos definir, pois sempre nos faltarão recursos e conhecimentos da situação de cada um, cuja apreciação só cabe ao Grande Soberano.

Utilizando um prático exemplo, imaginemos uma batalha campal, daquelas que vemos em filmes, na qual o objetivo de ambos os exércitos é o mesmo: eliminar o inimigo. Enquanto o confronto se desenrola aos nossos olhos mentais, mostrando-nos todos os combatentes empenhados na mesma missão, a de destruir e matar seus oponentes, só podemos verificar os gestos mais cruéis ou valentes de cada soldado, o valor ou a covardia. E, se fôssemos chamados a julgá-los num tribunal divino, ainda usando nossa imaginação, faríamos esse julgamento utilizando nossos padrões e conhecimentos das leis humanas, que, como sabemos, são falhas e corruptíveis, abordando somente os efeitos, sem conhecer a causa original de todos os atos que envolvem os acontecimentos.

Já essa mesma batalha, se observada pela percepção divina, da qual a alma nada consegue esconder ou camuflar, seria vista na sua individualidade nos mínimos detalhes do pensamento e da vontade, entendendo que os sentimentos de cada combatente diferem desde a legítima defesa até o ódio sanguinário com requintes de crueldade. O julgamento, como podemos analisar, seria de uma justiça inquestionável.

Assim, quando virmos alguém cometendo algum ato que consideramos menos digno ou errado (de acordo com nosso entendimento), deveremos lembrar das limitações em nosso julgamento e deixar isso a critério da justiça divina. Não devemos comentar maldosamente ou depreciar o irmão em falta, porque assim como fizermos ao nosso semelhante, também o Pai fará a nós. Nossas faltas serão vistas e julgadas por Aquele que conhece o mais profundo de nosso ser, nossas fraquezas e imperfeições e o desejo de sermos felizes.

De uma forma branda e piedosa, a corrigenda de nossos errôneos atos virá e, como em uma única existência seria impossível quitarmos todos os nossos prováveis débitos, o Pai nos concede muitas novas encarnações, nas quais, com uma nova roupagem física, em uma nova família e um ambiente onde estejamos mais bem capacitados para desempenhar novas tarefas evolucionistas, temos a chance de, com calma, realizar nossa quitação com a contabilidade divina.

Ainda em relação à lei da compensação, um fator importante a ser observado é que todas as boas vibrações e tudo de bom que fizermos à humanidade terão um valor positivo em nosso débito cármico, diminuindo-o e, se adotamos os ensinamentos do Cristo como nosso modo de viver e ser, poderemos, através das boas obras, eliminá-lo por completo, passando a viver desde já o reino de paz, prometido pelo Mestre Jesus.

QUANDO CHEGA A PROVAÇÃO

Capítulo 5

"E navegando, Ele adormeceu; sobreveio uma tempestade de ventos no lago, e o barco enchia-se de água, estando eles em perigo. E chegando-se a Ele, o despertaram, dizendo: Mestre, Mestre, estamos perecendo. E Ele, levantando-se, repreendeu o vento e a fúria da água; e cessaram, e fez-se bonança. E disse-lhes: Onde está a vossa fé?" (Lucas, 8:23-24.)

Conhecedores da bondade e da justiça divina, realizadas através das sucessivas reencarnações com que somos agraciados, deveríamos entender e aceitar com tranquilidade e paciência as perturbações e sofrimentos que porventura nos acometem. Entretanto, não é isso o que geralmente sucede.

Quando o sofrimento bate à nossa porta, muitas vezes, a melancolia, a tristeza, o desespero e a apatia recaem sobre nós.

As belas palavras de coragem e ânimo que, em muitas ocasiões, nós mesmos proferimos, tentando levantar irmãos combalidos, não nos fazem efeito algum, ecoam em nossas mentes, mas não se fixam, e diminuem suas frequências até extinguirem-se.

Os livros e as orações que antes nos estimulavam, convidando-nos a elevar o pensamento a regiões de paz e alegria, já não conseguem erguer-nos a um centímetro do solo enrijecido pela frieza de nossas emoções.

Os problemas parecem não ter fim, muito menos soluções. Por mais que tentemos imaginar saídas, nada se aclara, nada se abre.

Nosso pensamento se fixa nas dificuldades como uma única ideia, e nela revira-se e remói-se, não dando espaço e nem condições para que surja, desse lodaçal em que nos emaranhamos, uma flor simbolizando a esperança que nunca deveria esmorecer.

Nossas preces tornam-se súplicas, nas quais o lamento confunde-se com o ceticismo. O desespero faz-nos acreditar não estarmos sendo ouvidos, e nem tampouco atendidos em nossas solicitações.

Nesse momento, então, sentimo-nos sós, desalentados, tristes e com medo. Medo do que supomos acontecer, do que nossa mente intranquila e febril espera que aconteça.

Até esse ponto, quase todos nós já chegamos em determinados momentos de nossas existências. Os problemas, as situações, os motivos devem ter sido os mais variados possíveis, mas o sentimento de impotência com relação a eles, com certeza, foi o mesmo.

O que difere em cada um de nós é a maneira como lidamos com essas situações: se nos resignamos e procuramos entender a vontade de Deus; se mesmo enfraquecidos na fé persistimos e aguardamos a Providência Divina; se a orientação intuitiva dirigida a nós pelos protetores espirituais se fez ouvida e a paciência tornou-se absoluta. E, se mesmo com o fel da revolta, suportamos essa tormenta em nossas existências, com certeza algo ganhamos, adquirimos para o nosso espírito (que somos nós, nossa essência eterna). A vida mostrou-nos sua importância, ficamos com ela e, portanto, vencemos.

Este é o grande momento em que a vida é re-pensada, a fé questionada e os valores ponderados. Todo aquele que prossegue mesmo em dor entende que a vida é o bem de maior valia que o Criador nos concede, preparando-nos para limpar nossas almas das manchas do passado, encaminhando-nos para um glorioso porvir.

Infelizmente, há aqueles para quem a vida

perde seu significado sublime, as vozes de intercessores encarnados e desencarnados não se fazem ouvir, o desencanto lhes anuvia a mente e o coração já não se esforça pelo ritmo da existência.

O medo e a desilusão entorpecem-lhes os sentidos, e a vida tão almejada, tão cobiçada por todas as criaturas que dela necessitam, é arrancada por vontade própria, contrariando os desígnios do Alto e dando início a um longo período de suplícios, permeando ambos os planos de existência, para que a lei faça seu justo equilíbrio.

APÓS O SUICÍDIO
Capítulo 6

"E disse-lhe um: Senhor, são poucos os que se salvam? E Ele lhe respondeu: Porfiai por entrar pela porta estreita, porque eu vos digo que muitos procurarão entrar e não poderão".
(Lucas, 13:23-24.)

Na esperança de pôr fim ao desespero que o envolve e domina, o infeliz irmão que, contrariando as leis de Deus, atenta contra a própria vida, percebe, espantado, no outro mundo, que, além de conservar a consciência da vida que se findou, acresce-a de sofrimentos novos que o aguardam no além-túmulo.

Léon Denis, grande estudioso, orador, filósofo e divulgador espírita, contemporâneo de Kardec[2],

---
[2]Referência doutrinária, pág. 77.

em seu livro "Depois da Morte"[3], elucida o assunto com objetividade:

"A situação dos suicidas tem analogia com a dos criminosos; muitas vezes, é ainda pior. O suicídio é uma covardia, um crime cujas consequências são terríveis. Segundo a expressão de um Espírito, o suicida não foge ao sofrimento senão para encontrar a tortura. Cada um de nós tem deveres, uma missão a cumprir na Terra, provas para suportar para nosso próprio bem e elevação. Procurar subtrair-se, libertar-se dos males terrestres antes do tempo marcado é violar a lei natural, e cada atentado contra essa lei traz para o culpado uma violenta reação. O suicídio não põe termo aos sofrimentos físicos nem morais. O Espírito fica ligado a esse corpo carnal que esperava destruir; experimenta, lentamente, todas as fases de sua decomposição; as sensações dolorosas multiplicam-se, em vez de diminuírem. Longe de abreviar sua prova, ele a prolonga indefinidamente; seu mal-estar, sua perturbação persistem por muito tempo depois da destruição do invólucro carnal".

Muitos permanecem perambulando no além, vagando a esmo, presos às próprias recordações e às imagens a elas associadas. Vivem a todo instante suas aflições e amarguras chegando ao ápice do desespero, por julgarem-nas eternas e infindáveis.

Em muitas ocasiões, sentem o desfalecimento por um breve lapso dos sentidos espirituais, ressurgindo, com grande volúpia, o terror das imagens e das vozes alucinantes que torturam sem trégua o infeliz incauto.

Alguns são mentalmente aprisionados por entidades afins, que aumentam seus suplícios, fazendo-os vagar junto a orlas de seres amotinados contra a Divindade, que nada mais fazem do que postergar o reinício da caminhada evolutiva, que, no momento certo, por bondade do Altíssimo, chegará.

Por esses infelizes irmãos, a misericórdia divina fará também sua intercessão, e, no momento em que o arrependimento cingir-lhes o espírito enlutado, a luz do Divino abrirá o caminho do obscuro umbral, em que suas consciências se alinham, até os postos de retificação espiritual, verdadeiros oásis de amor existentes em diversas regiões do espaço, organizados por enviados e mensageiros do Cristo, onde as almas sedentas de paz encontram abrigo e pousada.

O LENTO SUICÍDIO
Capítulo 7

"Digo, porém: Andai em Espírito e não cumprireis a concupiscência da carne. Porque a carne cobiça contra o Espírito, e o Espírito, contra a carne; e estes opõem-se um ao outro; para que não façais o que quereis. Mas, se sois guiados pelo espírito, não estais debaixo da lei". (Gálatas, 5:16 a 18.)

Ante o problema que o aflige, o desespero que o incomoda, tirando-lhe o fulgor da vida, e o medo do além-túmulo, sabendo que nada terminará, sendo ainda em muito acrescido de angústias, o irmão em provação, não decidindo fugir através do portal da morte, opta, muitas vezes, pela fuga dos sentidos, tentando anestesiá-los com substâncias alucinógenas.

Obras importantes e úteis abastecem-nos de informações suficientes a respeito dos malefícios advindos do uso comum de drogas de todos os tipos, que entorpecem os sentidos, danificando os corpos físico e espiritual.

De uma forma geral, enquanto as drogas fazem com que se esqueça momentaneamente dos problemas aflitivos que se esteja vivendo, por sua vez, conduz o usuário a um suicídio lento e certo, agravado em alguns casos pelos atos executados durante os estados alucinógenos, que, em muitas ocasiões, prejudicam, além da própria pessoa, seus amigos e familiares.

Muitos companheiros não consideram o fumo e o álcool, utilizados "socialmente", como drogas. Acham até o termo muito pesado e não concordam que os utilizem como uma forma de "fuga" da realidade, mas sim como devaneio e prazer.

Alguns, reconhecendo o mal que fazem a si próprios, mas não desejando iniciar a batalha contra os vícios degeneradores, afirmam que aguardarão a próxima reencarnação para iniciar essa empreitada, acreditando que passarão incólumes pela erraticidade.

Somos nós que decidimos nossos atos, preferências e ações e, por isso mesmo, seremos nós que arcaremos com as consequências desses mesmos atos e decisões. Maneiras errôneas de agir e pensar constituem também uma forma de suicídio, uma consciente, embora lenta, destruição do corpo físico com repercussões imediatas no corpo espiritual.

Para ilustramos esse conceito, de maneira que cada um reflita e retire suas próprias conclusões, extraímos do livro "Nosso Lar"[4], psicografado por nosso conhecido médium Francisco C. Xavier, um diálogo entre o autor espiritual, o espírito de André Luiz, e seu instrutor Clarêncio, em um posto de atendimentos onde, após um longo período no Umbral, André foi acolhido.

"– É de lamentar que tenha vindo pelo suicídio.

Enquanto Clarêncio permanecia sereno, senti que singular assomo de revolta me borbulhava no íntimo.

Suicídio? Recordei as acusações dos seres perversos das sombras. Não obstante o cabedal de gratidão que começava a acumular, não calei a incriminação.

– Creio haja engano – asseverei melindrado –, meu regresso do mundo não teve essa causa. Lutei mais de quarenta dias, na casa de saúde, tentando vencer a morte. Sofri duas operações graves, devido a uma oclusão intestinal.

– Sim – esclareceu o médico, demonstrando a mesma serenidade superior –, mas a oclusão

---

[4]André Luiz. Nosso Lar. Psicografado por Francisco C. Xavier. 60ª ed. Rio de Janeiro: FEB, 2009.

radicava-se em causas profundas. Talvez o amigo não tenha ponderado o bastante. O organismo espiritual apresenta em si mesmo a história completa das ações praticadas no mundo.

E, inclinando-se, atencioso, indicava determinados pontos do meu corpo:

–Vejamos a zona intestinal – exclamou. – A oclusão derivava de elementos cancerosos, e estes, por sua vez, de algumas leviandades de meu estimado irmão, no campo da sífilis. A moléstia talvez não assumisse características tão graves, se o seu procedimento mental no planeta estivesse enquadrado nos princípios da fraternidade e da temperança. Entretanto, seu modo especial de conviver, exasperado e sombrio, captava destruidoras vibrações naqueles que o ouviam. Nunca imaginou que a cólera fosse manancial de forças negativas para nós mesmos? A ausência de autodomínio, a inadvertência no trato com os semelhantes, os quais muitas vezes ofendeu sem refletir, conduziam-no frequentemente à esfera dos seres doentes e inferiores. Tal circunstância agravou de muito o seu estado físico.

Depois da longa pausa, em que me examinava atentamente, continuou:

– Já observou, meu amigo, que seu fígado foi maltratado pela sua própria ação; que os rins foram esquecidos, com terrível menosprezo às dádivas sagradas?

Singular desapontamento invadira-me o coração. Parecendo desconhecer a angústia que me oprimia, continuava o médico, esclarecendo:

– Os órgãos do corpo somático possuem incalculáveis reservas, segundo os desígnios do Senhor. O meu amigo, no entanto, iludiu excelentes oportunidades, desperdiçando patrimônios preciosos da experiência física. A longa tarefa, que lhe foi confiada pelos Maiores da espiritualidade Superior, foi reduzida a meras tentativas de trabalho que não se consumiram. Todo o aparelho gástrico foi destruído à custa de excessos de alimentação e bebidas alcoólicas, aparentemente sem importância. Devorou-lhe a sífilis energias essenciais. Como vê, o suicídio é incontestável".

Como podemos perceber, após a leitura do texto mencionado, todo ato em que conscientemente ocasionemos danos ao nosso ser pode ser considerado um suicídio indireto. E dizemos "pode", pois somos seres individuais vivenciando e reagindo de formas diferentes às situações que a vida nos oferece. Portanto, cabe a Deus o julgamento de cada um de nós e os reajustes necessários neste ou em outro plano existencial.

O CORPO ESPIRITUAL CONSEQUÊNCIA
Capítulo 8

"Mas todas essas coisas se manifestam, sendo condenadas pela luz, porque a luz tudo manifesta". Paulo (Efésios, 5: 13.)

Pelo estudo atento das obras de Allan Kardec e muitas outras obras que deram continuidade aos esclarecimentos espirituais, podemos registrar que todo ato, e até pensamentos, envolve o corpo espiritual com suas energias, que, de acordo com o teor – boas ou más, positivas ou negativas –, afetarão de forma direta nossa existência, trazendo alívio às impurezas desse corpo ou deficiências, para que, através das novas experiências e lições da vida, possamos harmonizá-lo ou curá-lo. Recordemos que muitas foram nossas vidas com seus acertos e desacertos, portanto a higiene mental é de grande importância para nossa saúde integral.

Embora muitos de nós conheçamos tudo

o que foi mencionado até agora e procuremos viver de acordo com a harmonia divina, ainda estamos "limpando" nosso carma, devido a ações errôneas do passado, trazendo muitas vezes, no corpo físico, ou melhor dizendo, no perispírito, as marcas de nossos "erros". No entanto, devemos tomar o devido cuidado para não generalizarmos e concluirmos que toda pessoa com problemas físicos nesta encarnação tenha sua origem em suicídios nas encarnações passadas.

Os desígnios divinos são insondáveis e, aos nossos olhos, variadas são suas formas de agir.

No livro "Ação e Reação"[5], também psicografado por Francisco C. Xavier, temos dois exemplos, dos milhares que podem existir, de como essa cobrança pode ser manifestada. Na página 93, o instrutor Sânzio observa:

"Da justiça ninguém fugirá, mesmo porque a nossa consciência, em acordando para a santidade da vida, aspira a resgatar dignamente todos os débitos em que se onerou perante a Bondade de Deus; entretanto, o Amor Infinito do Pai Celeste brilha em todos os processos de reajuste. Assim é

---

[5]André Luiz. Ação e Reação. Psicografado por Francisco C. Xavier. 10. ed. Rio de Janeiro: FEB, 1985.

que, se claudicarmos nessa ou naquela experiência indispensável à conquista da Luz que o supremo Senhor nos reserva, é necessário nos adaptemos à justa recapitulação das experiências frustradas, utilizando os patrimônios do tempo. Figuremos um homem acovardado diante da luta, perpetrando o suicídio aos quarenta anos de idade, no corpo físico. Esse homem penetra no mundo espiritual sofrendo as consequências imediatas do gesto infeliz, gastando tempo mais ou menos longo, segundo as atenuantes e agravantes de sua deserção, para recompor as células do veículo perispirítico[6] e logo que oportuno, quando torna a merecer o prêmio de um corpo carnal na Esfera Humana, dentre as provas que repetirá, naturalmente se inclui a extrema tentação ao suicídio na idade preciosa em que abandonou a posição de trabalho que lhe cabia, porque as imagens destrutivas que arquivou em sua mente desdobrar-se-ão diante dele, através do fenômeno a que podemos chamar "circunstâncias reflexas", dando azo a recônditos desequilíbrios emocionais que o situarão, logicamente, em contato com as forças desequilibradas que se lhe ajustam ao

---

[6] Como a semente de um fruto é envolvida pelo perisperma, o Espírito propriamente dito é revestido de um envoltório que, por comparação, se pode chamar perispírito – KARDEC, Allan. O Livro dos Espíritos. Boa Nova Editora, 2007.

temporário modo de ser. Se esse homem não houver amealhado recursos educativos e renovadores em si mesmo, pela prática da fraternidade e do estudo, de modo a superar a crise inevitável, muito dificilmente escapará ao suicídio de novo, porque as tentações, não obstante reforçadas por fora de nós, começam em nós e alimentam-se de nós mesmos".

Isso explica o desejo inconsciente que muitas pessoas sentem pelo suicídio, embora nenhum motivo aparente, presente na atual encarnação, seja forte o suficiente para sugestioná-las para tal ato.

Analisando o assunto, através de inúmeras orientações prestadas nos trabalhos assistenciais de casas espíritas, pudemos observar que, em muitos casos, o pretenso suicida, mesmo possuindo um conhecimento mais profundo das verdades espirituais, bem como do fatos prováveis que lhe sucederiam além-túmulo, mesmo assim, como se uma névoa lhe entorpecesse os sentidos, a amargura e a ansiedade dominavam, trazendo-lhe uma ideia fixa, um desgosto pela vida e o desejo de abandoná-la. Ainda que percebesse que não havia motivos suficientemente fortes para tal desdita, ou falência dos valores morais, impulsionado pelos algozes espirituais, permanecia inflexível.

Graças ao trabalho dos incansáveis mensageiros

e trabalhadores espirituais da vinha do Mestre, quase todos os casos encontraram auxílio e restabelecimento das funções psíquicas e espirituais, dando a esses companheiros um novo alento e um novo passo na ascensão evolutiva.

Alguns, poucos, é verdade, não tiveram a mesma sina.

Continuando, ainda no mesmo livro, página 171[7], temos o seguinte comentário do instrutor Silas sobre a reencarnação de um suicida:

"...Foi assim que Jorge e Marina, livres, casaram-se, recolhendo da Terra a comunhão afetiva pela qual suspiravam; entretanto, dois anos após o enlace, receberam Zilda em rendado berço, como filhinha estremecida. Mas... desde os primeiros meses do rebento adorado, indentificaram-lhe a dolorosa prova. Zilda, hoje chamada Nilda, nasceu surda-muda e mentalmente retardada, em consequência do trauma perispirítico experimentado na morte por envenenamento voluntário. Inconsciente e atormentada nos refolhos do ser pelas recordações asfixiantes do passado recente, chora quase dia e noite..."

---

[7]André Luiz. Ação e Reação. Psicografado por Francisco C. Xavier. 10. ed. Rio de Janeiro: FEB, 1985.

Muitos casos, narrados em dezenas de livros espíritas, e outros não escritos, mas psicofonados por entidades espirituais, nos fazem crer que não há uma regra específica, mensurada pelos parâmetros humanos. Embora se aperceba que, com uma certa frequência, os suicidas trazem no perispírito as marcas reprodutoras de seus derradeiros atos, sua manifestação física, entretanto, depende da balança divina, onde cada motivo tem peso específico e interpretação individual.

FALANDO AOS SUICIDAS
Capítulo 9

"Sede, pois, irmãos, pacientes até a vinda do Senhor. Eis que o lavrador espera o precioso fruto da terra, aguardando-o com paciência, até que receba a chuva temporã e serôdia".
(Tiago, 5:7.)

Refletindo em uma forma mais ampla, observamos que o suicídio é muito mais abrangente e preocupante do que a princípio poderíamos imaginar.

Pessoas a nossa volta, embora silentes e nada evidenciando exteriormente, podem estar passando por uma séria crise existencial, com o fantasma do suicídio rondando seus ninhos terrenos, tentando usurpar-lhes as moradas.

Trata-se, pois, de grande utilidade, comentarmos, ouvirmos, trocarmos ideias e levantarmos soluções a respeito das batalhas da vida e dos ensinamentos que elas nos trazem, não só para proveito do rol de encarnados como também para os irmãos desencarnados, aqueles ainda escravizados às sombras da ignorância, que se aproveitam da dor e do desespero de companheiros, quando as circunstâncias da vida na Terra os fazem perder o controle das situações, tornando-se verdugos e condutores de cegos, impelindo-se ambos ao precipício onde se encontram os vales da escuridão e do sofrimento.

Esses irmãos desencarnados, conhecidos no meio espírita como obsessores, devem ser objeto de nossos pensamentos de comiseração e amor, pedindo a Jesus pelo urgente regresso deles ao caminho da luz.

Às vezes, simples reclamações como: "estou cheio da vida", "ando sem vontade de viver", "não vejo a hora de abandonar tudo e partir" e tantas outras proferidas em momentos de desabafo, dão início a uma pequena semente que, se for regada pela constante insatisfação e pelo assédio de entidades espirituais que vibrem na mesma "faixa mental", tornarão a vida gradativamente mais vazia e triste, crescendo e fixando suas raízes profundamente em nossas mentes, fazendo desse ato, o suicídio (a princípio para nós tão absurdo), algo a ser cogitado em um momento de grande desespero.

Da mesma forma que muitos criam o hábito de pronunciarem-se negativamente sobre tudo e todos, pode-se também inverter essa situação e somente manifestar a opinião sobre algo quando se tiver certeza de não estar caluniando ou prejudicando alguém. Com relação à nossa vida, devemos procurar sempre frases positivas e otimistas, para que, pela insistência na verbalização, possamos criar sua realidade nesse plano de existência.

Manifestando o pensamento de uma forma positiva, estaremos evitando que sentimentos de baixa vibração nos assolem e abriguem em nossas mentes as sementes de ideias suicidas.

E quanto a nós ou a nossos irmãos encarnados, quando forem detectados os primeiros sintomas desse mal tão abjeto (tais como a depressão, a insatisfação, a descrença e o desamor à vida), a indicação de uma casa assistencial espírita, onde os trabalhos espirituais são regidos pela harmonia e pela caridade evangélica, trarão, com toda a certeza, a indicação segura de restabelecimento, bem como o fortalecimento, o consolo e a esperança, tão necessários em um momento como esse.

Nesse caso, os espíritos obsessores, também os envolvidos na trama espiritual, receberão orientação segura dos instrutores e guias espirituais e terão condução a níveis apropriados das regiões etéreas.

Ressaltamos também que os profissionais, terapeutas da mente e do comportamento humano não devem ser dispensados da valiosa contribuição que proporcionam em casos como os citados.

A VALORIZAÇÃO DA VIDA

Capítulo 10

"Se vós estiverdes em mim, e as minhas palavras estiverem em vós, pedireis tudo o que quiserdes, e vos será feito". (João, 15:7.)

O remédio ou antídoto contra o suicídio é, sem dúvida, a valorização da vida em todos os seus aspectos.

Muitos dizem: "Vivemos em um mundo material, necessitamos de coisas materiais, tais como dinheiro, roupas, comida, utensílios e outras coisas que possuímos ou estejamos vivenciando no momento".

Note que foi citada a valorização da vida "em todos os seus aspectos", e isso quer dizer que temos de dar valor e sentir prazer em todas as coisas que possuirmos ou que estejamos vivendo.

Muitos de nós temos objetivos materiais altos demais ou muito distantes, fazendo-nos viver num estado permanente de ansiedade e vazio interior, uma vez que o que possuímos no momento, ou o que estamos vivendo, não nos satisfaz, pois aguardamos sempre mais.

Ao agirmos mentalmente desse jeito, ou seja, quando sentimos que estamos longe de possuir as coisas ou pessoas que almejamos, ficamos frustrados e deprimidos, e essa maneira de sentir atua de forma muito sutil e profunda em nosso ser, preparando e criando espaço para as investidas das energias do mal.

Por outro lado, termos somente grandiosos objetivos espirituais pode também gerar os mesmos efeitos negativos, pois a cada tropeço ou dificuldade em atingir os altos cumes da espiritualidade a que nos propomos, podemos nos desencorajar, sentindo-nos frustrados em nossas aspirações e inaptos para a senda de luz.

A harmonia aqui tem seu propósito bem definido: nem tanto lá, nem tanto cá. Pequenas metas, tanto materiais como espirituais, sucessivas e fáceis de serem superadas, dar-nos-ão crescente confiança e autodomínio, fazendo-nos, de uma forma criteriosa e segura, viver felizes com o que temos e somos no presente e com uma expectativa sempre agradável do futuro.

Uma atitude assim, alegre, positiva, otimista, cria um ambiente próspero e acolhedor em nosso mundo mental e externo, atraindo pessoas, espíritos e situações sempre agradáveis e felizes.

A meditação diária, a prece consciente e sincera a Deus e o estudo do Novo Testamento proclamado pelo Cristo Jesus são atribuições que todo ser que deseja viver em harmonia e paz deveria habituar-se a realizar.

O estudo do Evangelho deve ser feito sistematicamente, e sempre que possível junto com os familiares. Essa prática é conhecida no meio espírita como Evangelho no Lar, e é recomendada pelos orientadores das diversas casas de assistência espiritual espalhadas pelo nosso país como principal fator de cura dos processos de obsessão espiritual e males psicossomáticos, bem como elemento preponderante para a permanente paz e alegria que envolvem todos os participantes.

VIVENDO COM JESUS

Capítulo 11

"Eu sou a porta; se alguém entrar por mim, salvar-se-á, e entrará, e sairá, e achará pastagens". (João, 10:9.)

Quem não deseja ser feliz? Quem não almeja paz e conforto? Quem não busca alegria e satisfação de seus desejos nesta vida? Creio que todos nós queremos ser felizes.

A verdade é que muitos de nossos desejos, quando alcançados, mostram-nos que a felicidade lá não estava. Muitos objetivos perseguidos anos a fio, quando atingidos e notado seu fictício e transitório prazer, fazem-nos sentir como à deriva, perdidos em um barco no alto-mar da existência, clamando pela embarcação salva-vidas, para que nos conduza a um porto seguro e tranquilo.

Em termos claros, a embarcação é o Evangelho de Jesus; o porto é o reino das bem-aventuranças, onde os aflitos serão sempre consolados; os humildes, exaltados; os que choram, confortados; o reino onde todo aquele que crê será salvo.

Nos momentos de dor e aflições, sabemos que é um pouco difícil sentirmos esperança ou acreditarmos que tudo vai melhorar, mas não podemos e nem devemos nos entregar, pois tudo passa e a ajuda divina, que já está presente, intensificar-se-á.

Os ensinamentos que o Cristo nos legou abrem-nos as portas da verdadeira felicidade, que não é deste mundo e de nenhum outro, porque ela, a felicidade, deve ser sentida em nosso interior, agora, nesse exato momento, pois, onde quer que estejamos, ela estará conosco, irradiando seus raios e envolvendo tudo e todos à sua volta.

Em "O Evangelho Segundo o Espiritismo", de Allan Kardec[8], encontramos as parábolas e os ensinamentos do Cristo, antes com sentido velado por desvios das religiões dominantes, agora explicados à luz de um novo entendimento, compreensíveis e claros, graças às mensagens de um grupo de Espíritos Superiores enviados e

---

[8]KARDEC, Allan: O Evangelho Segundo o Espiritismo. Boa Nova Editora.

comandados pelo próprio Cristo.

Podemos encontrar em "O Evangelho Segundo o Espiritismo" as respostas a todas as nossas indagações, o consolo a todas as nossas aflições e a confirmação de que um mundo melhor e perfeito nos aguarda, não importando o que estejamos passando no momento. Seja qual for o tempo de espera, com toda certeza, o reino de Amor e Paz chegará.

Façamos dos ensinamentos de Jesus um método científico e lógico do bem viver.

Com Jesus e por Jesus, sigamos.

MARIA DE NAZARÉ

Capítulo 12

"Disse, então, Maria: A minha alma engrandece ao Senhor, e o meu espírito se alegra em Deus, meu Salvador, porque atentou na humildade de sua serva; pois eis que, desde agora, todas as gerações me chamarão bem-aventurada". (Lucas 1:46 a 48.)

Muitos espiritualistas e espíritas citam o nome de Maria de Nazaré sempre que o assunto envolve os desesperados, os aflitos ou os suicidas.

Durante sua peregrinação aqui no planeta, na época de Jesus, Maria foi o exemplo vivo de amor incondicional, doando-se no auxílio aos desafortunados da vida até o fim de seus dias.

Como toda grande alma planetária, mesmo após a desencarnação, Maria continuou com o trabalho de auxílio e regeneração das almas que se ligam ao planeta. Muitos espíritos reerguidos por essa sublime emissária, após vencerem as dificuldades evolucionárias, uniram-se a ela, criando uma grande fraternidade de vibrações de teor tão elevado que difícil se torna imaginarmos.

A literatura psicográfica espírita traz-nos inúmeros fatos nos quais a Fraternidade de Maria de Nazaré realiza até hoje seu trabalho de amor aos carentes do espírito, continuando seu testemunho de amor ao Mestre e a todos os irmãos menores. Nos trabalhos assistenciais espíritas, muitos sensitivos comprovam a veracidade dessas informações e em desdobramento mediúnico participam das atividades de soerguimento espiritual junto à sua fraternidade.

Por entender o grande desespero que se apodera das almas que praticam o suicídio e do difícil e valoroso trabalho para auxiliá-las, a Fraternidade de Maria de Nazaré tem sido o amparo de muitas delas.

Durante nossa estadia neste planeta, é provável que muitos casos de suicídio tenham se consumado próximo a nós e é possível que outros estejam se engendrando. Embora nos sintamos despreparados e impotentes para auxiliar esses irmãos, com humildade, podemos sempre rogar aos céus para que a divina inspiração de Maria e de seus colaboradores nos oriente na ajuda correta. E caso a ideia suicida se apodere de nós, confiemos ainda mais nesse amor que preenche séculos de testemunhos e está sempre ao nosso alcance.

Se parentes ou amigos desencarnaram sob o golpe desse triste ato, também é a Ela e a sua fraternidade que nossos anseios podem ser endereçados, pois o Mestre querido sempre atende às doces e meigas rogativas da amada mãe.

Enfim, sentindo que suicidas todos somos, pois deixamos morrer momentos de pura ventura e enlace espiritual, enquanto nos movimentamos em desalinho através da satisfação dos sentidos ilusórios desta vida, roguemos a Ela, o anjo Maria, que continue atuando através de sua Fraternidade de amor e luz, auxiliando todos nós, aqueles que se encontram nos umbrais de retificação e aqueles que, sob a veste da carne, se afligem em duras e rudes provas existenciais.

E juntos, irmãos em Cristo que somos, roguemos ainda, mais uma vez a Maria, que olhe por nós, fortalecendo-nos nos momentos das provações e aflições, protegendo-nos contra os desvios do caminho do equilíbrio e ajudando-nos a viver, com alegria e paz, em comunhão com Ela, com o Cristo e com o Pai.

Sejamos felizes.

REFERÊNCIA DOUTRINÁRIA

Hippolyte Léon Denizard Rivail nasceu em Lion, França, no dia 3 de outubro de 1804, e desencarnou em 31 de março de 1869, em Paris. Desde cedo se interessou por todas as causas que envolvessem o bem coletivo. A sua paixão pelos métodos de ensino, de acordo com a escola de Pestalozzi, de quem foi discípulo, fez dele uma autoridade bem conceituada sobre assuntos educacionais, na Europa.

Em meados do século XIX, em várias localidades, um estranho fenômeno começou a ser difundido em diversas reuniões da sociedade: o das mesas girantes. Nelas, os participantes faziam perguntas e, inexplicavelmente, as mesas, sem nenhuma interferência material, andavam e saltavam, respondendo a pequenas perguntas que lhes eram feitas.

Com um raciocínio altamente científico, Hippolyte Léon Denizard Rivail observou que o objeto em si não poderia se mover, muito menos ter algum tipo de inteligência. Algo muito importante se manifestava, e a partir daí, resolveu pesquisar e encontrar as respostas, o que fez até o fim de sua vida.

Quando descobriu a seriedade de tal empreendimento, avisado que fora, então, pelos próprios espíritos comunicantes, ele resolveu utilizar o pseudônimo de Allan Kardec, para que não se confundisse seu trabalho humano com esse muito mais importante: o de ser o codificador dos espíritos comandados pelo "Espírito da Verdade", trazendo uma nova luz sobre os ensinamentos de Jesus. Cumprindo assim a promessa do Cristo, chegara o consolador prometido.

Kardec, através de diversas reuniões mediúnicas, sempre utilizando médiuns respeitados e equilibrados e valendo-se de toda sua técnica de pesquisador e educador, reuniu e codificou em alguns livros todo o seu trabalho.

São eles: "O Livro dos Espíritos", a parte filosófica (1857); "O Livro dos Médiuns", parte experimental e científica (1861); "O Evangelho Segundo o Espiritismo", a explicação das máximas morais do Cristo (1864); "O Céu e o Inferno", exame comparado das doutrinas acerca da passagem da vida corporal à vida espiritual; e "A Gênese", a criação do mundo e as predições. (1868).

Todo aquele que deseja conhecer o Espiritismo tem nesses volumes leitura e estudo indispensáveis.

Acesse nosso site e nossas redes sociais:

www.boanova.net

www.facebook.com/boanovaed

www.youtube.com/boanovaeditora

www.instagram.com/boanovaed

Instituto Beneficente Boa Nova
Entidade coligada à Sociedade Espírita Boa Nova
Av. Porto Ferreira, 1.031 | Parque Iracema
Catanduva/SP | CEP 15809-020
www.boanova.net | boanova@boanova.net
Fone: (17) 3531-4444